Francisco

Primera edición: septiembre 2014

Título original: *Francesco. Canto di una creatura*
© Alda Merini, 2007
© Del prólogo: Gianfranco Ravasi, 2007
© De la traducción: Jeannette L. Clariond, 2014

© Vaso Roto Ediciones, 2014
ESPAÑA
C/ Alcalá 85, 7º izda.
28009 Madrid
MÉXICO
Apartado Postal 443, Col. Del Valle
San Pedro Garza García, N. L., 66220

vasoroto@vasoroto.com
www.vasoroto.com

Diseño de colección: Josep Bagà
Grabado de cubierta: Víctor Ramírez
Preimpresión: Ángela Palos

Quedan rigurosamente prohibidas sin la
autorización de los titulares del copyright,
bajo las sanciones establecidas por las leyes,
la reproducción total o parcial de esta obra
por cualquier medio o procedimiento.

Impreso en España
Imprenta: Kadmos
ISBN: 978-84-16193-20-2
BIC: DCF
Dep. legal: M-24303-2014

Alda Merini
Francisco
Canto de una criatura

Prólogo de Gianfranco Ravasi
Traducción de Jeannette L. Clariond

Prólogo

Fue un sol que transformó su «Ascesis», Asís, en un «Oriente» de luz: ¿Quién no recuerda el apasionante retrato de San Francisco que Dante pone en boca del dominico Tomás de Aquino, en el canto XI del *Paraíso*? «Francisco y pobreza» son los «amantes» que el poeta contempla extasiado, admirando la intensidad de su abrazo. Un abrazo capaz de lograr que el santo de Asís «día con día ame más intensamente» a su esposa. Ahora bien, tal parece que a los pies de Dante Alda Merini buscara una contemplación similar, constante en la historia del arte a partir de la inolvidable serie pictórica de Giotto.

En la original y distintiva capilla literaria que la poeta de Milán logró crear para sí misma durante sus últimos años, después de los potentes y apasionados iconos de Cristo y de la dulce imagen de su Madre María, aparece el rostro de Francisco, el «laúd de Dios», que acompaña sus cantos amorosos con los «dedos-flautas para el Señor».

En los labios mismos del santo se lee una luminosa representación autobiográfica: «Me convertí en el vértice de la caridad / porque Dios un día / sin que yo lo mereciera / se inclinó sobre mí / y besó mis manos».

Sí, porque en principio es la gracia divina la que irrumpe en el «desierto de la sencillez» de este «majadero, servidor, limosnero» de Dios, que no alza barreras de orgullo y riqueza contra el viento del Espíritu; en él sopla tan fuerte que lo convierte en un «apóstol de sueños».

«La vida humana no es sino una serie de notas a pie de página en una inmensa, oscura e inacabada obra de arte», escribía Vladimir Nabokov en su novela *Pálido fuego* (1962). El Francisco de Alda Merini es consciente de esta verdad y por ello confiesa ser una «pobre glosa de Dios / dejada al margen / de sus grandes abandonos».

En el magnífico «libro de la vida» bíblico que el Señor escribe y deshoja junto a cada criatura, el santo de Asís es una nota valiosa, miniada que, con sus colores, traspasa incluso las demás páginas, irradiándolas con su amor y su felicidad: «Soy un hombre feliz / porque he visto de cerca / el rostro de mi Señor». Y más adelante cierra uno de sus poemas: «Soy tu suspiro de amor».

El canto franciscano de Alda —que va en espirales como incienso de liturgia o como ritmos reiterados, mas nunca idénticos, de una melopea oriental— dibuja una trama coherente siguiendo una línea progresiva a través de cada página. Es la trama de la misma «hagiografía», esto es, la vida del santo, para dar al lector la impresión de estar frente a un libre estribillo de la *Leyenda* de San Francisco, posterior a la *Maior* de San Buenaventura o la «perusina» o la «de los reyes compañeros», siguiendo la trama de la *Vida primera y segunda* de Tomás de Celano.

Aquí emerge de inmediato la escena del beso al leproso que marca la transformación evangélica del joven rico de Asís: «Besaré las llagas de los hombres», y también sus infecciones espirituales, confiesa Francisco, ya «oculto en la inmundicia» que es capaz de descubrir la música del dolor. El despojamiento de sus vestidos ante don Bernardone es su camino a Damasco, en el cual pierde, es cierto, un padre, pero halla una esposa, la Pobreza, cuyo sayal «aunque parchado / era un atuendo angelical».

Aquel «metal de avaricia» de los bienes patrimoniales y hereditarios, «sin color ni luz», era sólo una pantalla infantil autodefensiva contra la muerte, una «máscara» que oculta al ángel que habita en nosotros.

Libre y desnudo, Francisco entra en los ojos de los hombres desde una locura que es la suprema sabiduría; él, la prefiguración del «idiota» de Dostoievski, que bajo la sabia locura de la cruz capta el nudo de oro que mantiene unida la historia, evitando que se disperse en una superficial enumeración de eventos y palabras: «loco como tú, Señor, loco de amor». Y así el santo, al lado de la dulce figura de Clara, puede decir: «Somos dos antorchas de amor para Dios».

El cuerpo, «animal lleno de miedo», no se agota, más bien se torna leve y libre, capaz de gozar carnal y espiritualmente, en plena pureza, «las maravillas de Dios», los pájaros del cielo y los animales de la calle, el sol que se convirtió en hermano y el agua hermana, la hierba fiel y la luna, las flores en las que «cada pétalo / es un mandamiento de Dios». Mejor dicho, «cada alba de Dios / también nace de mis manos», convirtiendo a la criatura en reflejo del Creador.

«Primer artesano de Dios» en construir su propio pesebre, Francisco deviene el discípulo de Cristo por excelencia, cuya cruz ha de llevar sobre sus hombros. El Señor, de hecho, le entregó las sandalias para poder subir hasta el Gólgota: «me siento preñado del Gólgota», porque la verdadera prueba del cristiano es: «Plantar a Cristo en nosotros, / plantar la cruz en el latido / de nuestras vísceras».

Resulta iluminadora la síntesis de la entera existencia cristológica del santo: «Me he convertido / en el puente que une tu nacimiento / y tu resurrección. / Caminad sobre mí, / pisad a Francisco / para llegar al Calvario». Esta es la verdadera y perfecta «imitación de Cristo». Cierto es que la tentación satánica no se aplaca y «las garras del demonio» siguen desgarrando las carnes de Francisco, garras que «desuellan vivos a los santos».

Sin embargo, los estigmas que cubren aquel cuerpo no son heridas demoniacas, sino laceraciones de luz divina: «Pero un día, / un día, Señor, tú me diste algo más: / me diste el dolor de tus clavos, / venciste y perforaste mi carne, / me hiciste morir contigo en la cruz». Es la «con-crucifixión» con Cristo cantada por el apóstol Pablo que convierte al discípulo en: «ungüento para tus heridas, / suave, dulce, fragante, / para tus pies hinchados».

El discípulo está allá arriba, en el Calvario, con un «hilo de voz / para atarme a los tobillos / de mi Señor agonizante». Ya la breve existencia de Francisco, consumada al igual que una antorcha que arde, está por llegar a su estuario glorioso.

Este gran testigo de Cristo, quien además había conservado sólidos «los cimientos de Dios» en el edificio de una Iglesia un tanto tambaleante (recordemos el sueño-pesadilla del papa Inocencio III en el cual soñó la Basílica de Letrán tambaleante, sostenida por los frágiles hombros de Francisco), está encaminado al encuentro supremo con su Señor. Se acerca ya «la muerte angelical / hermana con mil rostros», «bailarina maravillosa... / esta hermana que yo amo por encima de toda cosa».

En la tradición judaica antigua se creía que Moisés entraba en la muerte mientras Dios, con un beso en sus labios, le succionaba el alma para tomar desde sí y para sí aquel aliento y aquella vida entregada generosamente al nacer. Algo parecido se imagina Alda Merini al pensar en el santo de Asís: la muerte, en efecto, toma al «hijo amado» de Dios y «lo deposita en los labios del Creador».

Así cierra la autora este canto de amor místico que ella misma decidió entonar para una criatura tan dulce y tan alta.

Tiempo antes de morir, Alda dejó de escribir poemas pero, como los antiguos rapsodas, los dictaba, dejando que el viento y los oyentes los recogieran y cristalizaran en las páginas.

Esta laude franciscana recorre, entonces, una ideal trayectoria sonora y visible que la convierte en palabra dicha y escrita. Como afirmaba otra extraordinaria poeta, Emily Dickinson, «una palabra está muerta / muere / cuando se pronuncia, / suelen decir algunos. / Yo, en cambio, digo / que es en ese momento / cuando comienza a vivir».

Y las palabras de Alda por Francisco están precisamente viviendo ahora en estas páginas, esperando ser de nuevo difundidas en el seno del aire del mundo y del espíritu de cada lector.

GIANFRANCO RAVASI

FRANCESCO
CANTO DI UNA CREATURA

FRANCISCO
CANTO DE UNA CRIATURA

Si dice che i santi siano dei folli, ma il rifiuto della ragione in nome della fede può essere molto rischioso.

Nella ragione c'è il dubbio e il tormento del dubbio, ma nella fede c'è l'abbandono totale all'inconoscibile e al nostro io migliore.

San Francesco salta a piè pari tutte le asperità che l'uomo incontra nel suo cammino e ne fa delle dolcezze. Ogni cosa impura la purifica con la sua lingua e il suo appetito di Dio. Francesco è un affamato di Dio, ha fame della beatitudine. Questa beatitudine noi la conosciamo bene, ma ne abbiamo paura, perché dovremmo rifiutare tutte le ricchezze del nostro tristissimo momento.

La nostra anima è sempre triste, fino alla morte, perché l'uomo ha paura, ha paura di credere. La vita di Francesco è un tripudio di fiori, di uccelli, di incantesimi: è come un bambino che scopre la vita per la prima volta.

Scoprire la vita è come tornare fanciulli, è come tornare buoni, è come incarnarsi nella virtù del Signore. Ed ecco l'incarnazione di Francesco nel volto divino. Francesco diviene una lacrima rovente sul volto di Dio che patisce e sarà il refrigerio della sua morte.

Vuole consolare il suo Signore: egli stesso diventa povero per essere signore della grande poesia che è l'universo.

Árbol de la vida y regla de los frailes menores

Autor desconocido. Siglo XVIII
Óleo sobre tela. Colección particular

Se dice que los santos están locos, pero rechazar la razón en nombre de la fe puede ser muy peligroso.

En la razón están la duda y el tormento de la duda, pero en la fe está el total abandono a lo indescifrable y a nuestro mejor yo.

San Francisco pasa por alto todas las asperezas que el hombre halla en su camino y las convierte en dulzura. Todo lo impuro lo purifica con su lengua y con su hambre de Dios.

Francisco está hambriento de Dios, tiene hambre de beatitud. Nosotros conocemos bien esta beatitud, pero la tememos pues tendríamos que rechazar todas las riquezas de nuestro momento tristísimo.

Nuestra alma está siempre triste y lo estará hasta la muerte, ya que el hombre tiene miedo, miedo de creer. La vida de Francisco es un tripudio de flores, pájaros, hechizos: un niño que descubre la vida por primera vez.

Descubrir la vida es volver a ser niños, es volver a ser buenos, es como encarnarse en las virtudes del Señor. Así se entiende la encarnación de Francisco en el rostro divino. Francisco deviene una lágrima ardiente sobre el rostro de Dios sufriente; y será el refrigerio de su muerte.

Quiere consolar a su Señor: él mismo se hace pobre para ser el amo del gran poema llamado universo.

Chi ha detto, amico e fratello,
che devi morire fra mille tormenti?
Sai che il tormento è una voce?
Sai che il dolore canta?
Io mi sono chinato sopra di te,
ho lavato le tue piaghe
e ho scoperto la musica,
la musica del dolore.
E te l'ho anche detto,
e tu mi hai guardato
come si guarda un pazzo.
Non hai creduto che tu,
nascosto nell'immondizia,
potessi darmi fremiti d'amore.

Amigo y hermano, ¿quién ha dicho
que debes morir de mil tormentos?
¿Sabes que el tormento es voz?
¿Sabes que el dolor canta?
Me incliné sobre ti,
lavé tus llagas
y descubrí la música,
la música del dolor.
Además lo he dicho,
y tú me miraste
como se mira a un loco.
Jamás pensaste que tú,
oculto en la inmundicia,
pudieras estremecerme de amor.

Io non potrei dire a nessuno
come mai mi hanno rivestito di bianco.
Ho dovuto donare le mie vesti
con mani tremanti.
Ero nudo e colpevole,
ma non è questo il miracolo:
è che improvvisamente un angelo
mi ha rivestito di sacco
e questa tunica era luminosa.
Nessuno ha visto che, pur piena di rattoppi,
era una veste angelica.

No podría explicarle a nadie
por qué de nuevo me han vestido de blanco.
Con manos temblorosas
tuve que donar mis ropas.
Estaba desnudo y me sentía culpable,
pero este no es el milagro:
sí que de pronto un ángel
me cubrió con un sayal
y era una túnica luminosa.
Nadie vio que, aunque parchado,
era un atuendo angelical.

Così, come Paolo di Tarso,
sono stato disarcionato,
sono stato buttato per terra,
e miracolosamente mi sono rialzato nudo.
Allora ogni elemento terreno
ha assunto uno splendore senza pari.
Ho visto il significato dell'acqua
il perché senza colpa
del filo d'erba
che brucia sotto il sole.
Ho capito il piacere di un piede nudo
che divora la terra piena di asperità
e che queste spine le sente
come le spine di Dio.
Giorno per giorno
ho vissuto il calvario,
e la mia pazzia
ha entusiasmato molti.

Al igual que Saulo de Tarso
fui desarzonado,
fui arrojado al suelo,
y milagrosamente me levanté desnudo.
Desde entonces, cada elemento terrenal
alcanzó un resplandor incomparable.
Vi el significado del agua,
el porqué sin culpa
de la brizna de hierba
que arde bajo el sol.
Comprendí el placer de un pie desnudo
que devora una tierra llena de aspereza
y que siente las espinas
como las espinas de Dios.
Día tras día
he vivido el calvario,
y mi locura
ha entusiasmado a muchos.

Io, Francesco,
sono diventato il giullare di Dio,
ma il mio remoto cavallo,
quello che mi è morto a lato,
l'ho sempre sognato:
era una bestia piena di paura,
era il mio corpo.
L'ho lasciato morire
all'angolo delle strade,
e solo allora ho sentito
l'ignobile puzzo dei miei vizi,
della mia violenza.
Sono diventato il vertice della carità
perché Dio un giorno
immeritatamente
si è chinato su di me
e mi ha baciato le mani.

Yo, Francisco,
me he convertido en el juglar de Dios,
pero a mi viejo caballo,
el que murió junto a mí,
lo sigo soñando:
era un animal lleno de miedo,
era mi cuerpo.
Lo dejé morir
en el cruce de las calles,
y sólo entonces sentí
el innoble hedor de mis vicios,
de mi violencia.
Me convertí en el vértice de la caridad
porque Dios un día
sin que yo lo mereciera
se inclinó sobre mí
y besó mis manos.

Consolare me
che ero un reprobo
è stato così disarmante
che ho subito seguito
la sua volontà.
Dio mi ha consolato
dei miei peccati
e allora tutto,
perfezione su perfezione,
insetto e grosso mammifero,
qualsiasi cosa seppur piccola,
è entrata nell'alba della mia fede.
Sono diventato piccolo come una formica
e grande come la voce di Dio.
Ho dormito sulla terra
vicino ai rettili
e la morte non mi ha più toccato.

Al consolarme,
a mí que era un réprobo,
fue tan abrumador
que de inmediato
seguí su voluntad.
Dios me alivió
de mis pecados
y entonces todo,
perfección sobre perfección,
insecto y gran mamífero,
cualquier cosa aunque pequeña,
entró en el alba de mi fe.
Me hice pequeño como la hormiga
y grande como la voz de Dios.
Dormí sobre la tierra
junto a los reptiles:
entonces la muerte dejó de tocarme.

Ma Dio mi ha messo in mano
una cetra
e ho cominciato a cantare
le meraviglie dell'universo
e soprattutto le meraviglie di Dio.
Oh, è molto più del sole,
lo sguardo di Dio
raggiunge anche l'inferno.
Io sono passato dall'inferno
al paradiso del suo sguardo,
e anche se ero nudo
sentivo in me un immenso calore.
Dio mi ha salvato
dall'acqua del tradimento,
Dio mi ha reso
apostolo di sogni.

Pero Dios puso en mis manos
una cítara
y empecé a cantar
las maravillas del universo
y sobretodo las maravillas de Dios.
Oh, es mucho más que el sol,
la mirada de Dios
alcanza incluso el infierno.
Yo pasé del infierno
al paraíso de su mirada,
y aunque desnudo
sentía un inmenso calor.
Dios me salvó
de las aguas de la traición,
Dios me hizo
apóstol de sueños.

Ma è giusto, Signore,
dimenticare
chi a modo suo ci ha amati
ricoprendoci di denaro
e di vesti sontuose?
È la miseria di un genitore
che non capisce
che un figlio appartiene a Dio.
Ma un uomo come mio padre,
che aveva paura della morte,
come poteva capire?

¿Pero es justo, Señor,
olvidar
a quien nos amó a su modo
cubriéndonos de dinero
y de ropajes lujosos?
Es la miseria de un padre
que no entiende
que un hijo pertenece a Dios.
Pero un hombre como mi padre,
que tenía miedo a la muerte,
¿podía acaso entenderlo?

Il denaro è una scusa
per difendersi dalla morte,
è una maschera sotto cui l'uomo si nasconde
per non far vedere che è un angelo,
un angelo triste e tribolato.
Io volevo essere nudo,
volevo essere solo anima.
Allo stesso modo non avrei conquistato Chiara
come una terra mia,
perché era una terra vergine
era un deserto di semplicità.

El dinero es una excusa
para defenderse de la muerte,
una mascara tras la cual se oculta el hombre
para no mostrar que es un ángel,
un ángel triste y atribulado.
Yo quería estar desnudo,
ser tan sólo un alma.
Pero así no habría conquistado a Clara
como una tierra mía,
pues ella era una tierra virgen
era un desierto de sencillez.

E così vorrei diventare anch'io
un deserto di semplicità
dove crescano sterpi e bisce e cose incolte
che io amerò come fratelli
perché consumeranno la mia carne.
Oh, siano benedetti
coloro che consumano
le mie vesti così tribolate.
Questa carne
dove vive e dimora il demonio
con i suoi desideri
io la voglio vedere crocifissa
come fece Gesù.
Avere un solo volto,
indimenticabile,
indistruttibile,
quello della fede
per amore del Creatore.

Y también yo querría transformarme
en un desierto de sencillez
donde crecen ramas secas y sierpes y cosas silvestres
que amaré como hermanos
porque consumirán mi carne.
Oh, benditos sean
aquellos que consumen
mis atuendos tan atribulados.
Esta carne
donde vive y mora el demonio
con sus deseos
quiero verla crucificada
al igual que Jesús.
Tener un solo rostro,
inolvidable,
indestructible,
el de la fe
por amor al Creador.

Chi ha detto a ser Bernardone
che mi ha creato?
Io sono la fattura di Dio:
non sono figlio né di lui né di altri.
Da lui ho ricevuto un congedo:
Dio non mi congederà mai dalla gloria.

¿Quién le ha dicho a don Bernardone
que él me creó?
Soy hechura de Dios:
no soy hijo ni de él ni de otros.
De él he recibido un permiso:
Dios no me liberará jamás de la gloria.

L'umile parola che scende dalla croce
devastata da ogni turpe ricchezza:
io chiamerò nel deserto della mia fede
tutte le presenze felici del creato,
dagli umili uccelli ai vermi,
gli stessi vermi
che mangeranno la mia carne.
Io ho dubitato lungamente di Dio,
ho dubitato della sua potenza,
poi ho visto improvvisamente
che mio padre non era altro
che un figlio di Dio
e ho lasciato tutte le sue ricchezze.
Erano ricchezze senza colore né luce,
non sorgevano e non tramontavano
col giro del sole.

La humilde palabra que desciende de la cruz
devastada por cada riqueza vil:
llamaré en el desierto de mi fe
a todas las presencias felices de la creación,
desde los humildes pájaros hasta los gusanos,
los mismos gusanos
que comerán mi carne.
Por mucho tiempo dudé de Dios,
dudé de su potencia,
luego, de pronto vi
que mi padre no era sino
un hijo de Dios
y renuncié a todas sus riquezas.
Eran riquezas sin color y sin luz,
no surgían ni atardecían
al girar el sol.

Mio padre, che ho tanto amato,
era vestito di pura menzogna.
E si rallegrava soltanto
quando io godevo di quei beni
per dar da mangiare ai miei vizi.
Come ho alimentato le mie colpe, Gesù,
come a me è servito quel denaro
per disconoscere il Creatore.
Metallo,
metallo di avarizia.
Ma come posso capire un padre
che nella carne di un figlio
ha visto il suo avvenire?
Che cos'è la donna che amo?
Che cos'è Madre Povertà?

Mi padre, a quien tanto amé,
sólo se vestía de mentiras.
Y se sentía contento sólo
al verme gozar de esos bienes
para alimentar mis vicios.
Cómo he alimentado mis culpas, Jesús,
cómo pudo serme útil aquel dinero
para desconocer al Creador.
Metal,
metal de la avaricia.
Pero, ¿cómo puedo entender a un padre
que en la carne de un hijo
pudo vislumbrar su porvenir?
¿Qué es la mujer que amo?
¿Qué es la Madre Pobreza?

Come l'ho deluso,
come ha pianto per me
e io piango con ser Bernardone
tutto ciò che insieme abbiamo lasciato,
i nostri vicendevoli inganni
e Chiara,
che avrebbe potuto essere
la palestra del mio amore,
ed è invece diventata
la musa ispiratrice
del sogno di Dio.
Chiara:
sia benedetta
nella carne pura senza idoli né voci,
quella carne che canta
nella reclusione dei sensi.

Cómo lo decepcioné,
cómo lloró por mí
y ahora lloro con don Bernardone
todo lo que juntos hemos dejado,
nuestros recíprocos engaños
y Clara,
que habría podido ser
la guía de mi amor,
y en cambio se convirtió
en la musa inspiradora
del sueño de Dios.
Clara:
bendita sea
en la carne casta sin ídolos ni voces,
esa carne que canta
recluida en los sentidos.

Anche noi,
con la povertà che ci ha regalato il Signore,
diventeremo straordinariamente ricchi.
Daremo da mangiare a tutti.
Questo non ha capito ser Bernardone:
che noi eravamo i padroni dell'universo.

También nosotros,
gracias a la pobreza que nos regaló el Señor,
nos volveremos extraordinariamente ricos.
Daremos de comer a todos.
Esto no lo entendió don Bernardone:
que nosotros éramos los dueños del universo.

Tu che dilaghi nel mio cuore
come l'acqua piovana
e trasporti relitti e materie
e tutta la mia selvaggina,
e io per anni sono stato come un bosco
sopra cui si sono edificate
le piramidi dell'ozio.
Ma adesso la piramide del mio vizio
ha toccato lo sguardo di Dio.
E come hai fatto, Signore,
a perdonarmi
di avere edificato
questa piramide immensa
per portarti a vedere
gli abbandoni della mia infelicità?

Tú que inundas mi corazón
como agua de lluvia
y transportas derelictos y materias
y todos mis animales de caza,
y por años fui como un bosque
sobre el cual se edificaron
las pirámides del ocio.
Pero ahora la pirámide de mi vicio
ha tocado la mirada de Dios.
¿Y cómo pudiste, Señor,
perdonarme
por haber edificado
esta pirámide inmensa
para llevarte a ver
los escombros de mi infelicidad?

Quanto ero infelice, Signore,
nei profumi selvaggi della giovinezza.
Come ho calpestato i fiori delle ragazze,
delle donzelle che si affidavano
al mio tenero sguardo.
Sembravo buono,
la mia parola era uguale
a quella del diavolo.
Ma ora il lupo della mia parola
è diventato un agnello.
Il mio orecchio
non ode che la tua voce.
Tu sei come la madre felice
che addormenta tutte le creature.

Qué infeliz era yo, Señor,
en los perfumes salvajes de la juventud.
Cómo he pisado las flores de las jóvenes,
de las doncellas que confiaban
en mi dulce mirada.
Parecía bueno,
mi palabra era igual
a la del demonio.
Pero ahora el lobo de mi palabra
se ha convertido en cordero.
Mi oído
sólo escucha tu voz.
Tú eres como la madre feliz
que arrulla a todas las criaturas.

A me hai dato la felicità del silenzio,
a me hai dato i sandali
per poter salire fino al Golgota.
Io, Signore, sono il tuo obolo sommerso.
Canto sotto le acque della mia morte.

Me diste la felicidad del silencio,
me diste las sandalias
para poder subir hasta el Gólgota.
Yo, Señor, soy tu óbolo sumergido.
Canto bajo las aguas de mi muerte.

Felice Colui
che mi ha rivestito di un saio
che è diventato un pavimento di rose.
Non ho mai sentito
l'asperità di questo tessuto,
ma odorava di fresco,
odorava di mattino,
odorava di resurrezione.
Le mie spalle sono diventate deboli ma forti:
sono diventato un contadino di fede.
Aravo solo la terra di Dio, la sua volontà.

Feliz Aquel
que me cubrió con un sayal
transformado en un camino de rosas.
Nunca sentí
lo áspero del tejido,
pero olía a fresco,
olía a mañana,
olía a resurrección.
Mis hombros se han hecho débiles aunque fuertes:
me he convertido en un campesino de la fe.
Yo sólo araba la tierra de Dios, su voluntad.

Felice e benedetto
Colui che mi ha rivestito
di ruvido sacco
e che mi ha messo sui fianchi il cilicio
perché non guardassi
e non desiderassi una donna.
Com'è calda la purezza evangelica.
La donna diventò in me
la forza della paura,
l'innominabile essere di Maria.
La mia esistenza è diventata
un'invisibile spada contro il demonio,
che ha voluto svestirmi
per provare la mia santità.
Io sono santo
perché non lo temo.

Dichoso y bendito
Aquel que me cubrió
con un áspero sayal
y que puso un cilicio en mi cintura
para que no mirara
y no deseara mujer.
Cuán cálida es la pureza evangélica.
La mujer se transformó
en la fuerza de mi miedo,
el innombrable ser de María.
Mi existencia se ha convertido
en una espada invisible contra el demonio,
quien quiso desnudarme
para probar mi santidad.
Yo soy santo
porque no le temo.

Io sono ormai il liuto di Dio
e canterò le sue canzoni d'amore.
Malgrado non conosca la musica,
le mie mani suoneranno per lui
tutti gli spettri della gioia.
Dio è luce:
io canterò per lui
tutti i colori della terra.

Ahora soy el laúd de Dios
y cantaré sus canciones de amor.
Si bien no conozco la música,
mis manos tocarán para él
todos los espectros de la dicha.
Dios es luz:
cantaré para él
todos los colores de la tierra.

Felice Colui che mi ha aperto
il forziere delle sue parole,
e mi ha dato le chiavi della verità.
Felice colui che ha riconosciuto il Figlio
disgiunto dal suo stesso sguardo
e ha riunito i due sguardi d'amore
in un unico sguardo.
Io mi sono abbandonato, rinnegato,
io mi sono amato a lungo prima di partire
per il lungo viaggio verso il Signore.

Dichoso Aquel que me abrió
el cofre de sus palabras
y me dio las llaves de la verdad.
Dichoso Aquel que reconoció al Hijo
arrancado de su propia mirada
y que unió las dos miradas de amor
en una sola.
Yo me abandoné, me negué,
yo me amé por mucho tiempo antes de iniciar
el largo viaje hacia el Señor.

Quanto alle molte vie da seguire,
io che sono sul viottolo della santità,
dove crescono erbe e tormenti,
dove Dio non accade,
dopo la vestizione di questo anno di luce,
di questa perentoria ragione,
non so quale sia la via maestra,
ma certamente la sua chiamata
che investe tutta la terra.
E il fatto che si sia degnato
di considerarmi un uomo,
un corpuscolo
di questo immenso universo,
mi fa essere così felice
che sono diventato pazzo.

En cuanto a los muchos caminos a seguir,
yo que estoy en la senda de la santidad,
donde crecen hierbas y tormentos,
donde Dios no acaece,
luego de tomar el hábito de este año de luz,
de esta perentoria razón,
no sé cuál sea el camino correcto,
pero indudablemente sé su llamado
que embiste toda la tierra.
Y el hecho de que se haya dignado
considerarme un hombre,
un corpúsculo
de este inmenso universo,
me hace sentir tan feliz
que me he vuelto loco.

Ora sono un guerriero
che corre senza cavallo,
coi miei piedi sudati e stanchi
verso il traguardo di Dio.
E sogno la morte angelica,
una sorella dai mille volti.

Ahora soy un guerrero
que galopa sin caballo,
con mis pies sudados y cansados
hacia la meta de Dios.
Y sueño la muerte angelical,
hermana de mil rostros.

O morte,
che tutti credono ributtante e infelice,
tu sei una vergine leggiadra
che mi scioglierà da questo letame,
la donna
che consegnerà il mio calvario al Signore.
O morte,
che tutti credono deforme,
io ti ho veduta nel sospiro divino.
Danzatrice meravigliosa,
non sai come capisco il tuo eloquio.

Oh muerte,
a la que todos ven repugnante e infeliz,
eres la virgen extraordinaria
que me liberará de este estiércol,
la mujer
que entregará mi calvario al Señor.
Oh muerte,
a la que todos ven deforme,
te he visto en el suspiro divino.
Bailarina maravillosa,
no sabes cómo entiendo tu lenguaje.

Sorella morte,
cui affido le mie mani
stanche di preghiere e di voci.
Le mie dita sono flauti
per il Signore,
sufoli per gli angeli.
Come mi diverto a rallegrare
Dio Signore
morto in croce per noi.
Io nascondo le mie dita,
ma pochi vedono
che ogni alba di Dio
nasce anche dalle mie mani
e che io, uomo infelice,
sono lo spartiacque del crocifisso.

Hermana muerte,
a quien confío mis manos
cansadas de plegarias y de voces.
Mis dedos son flautas
para el Señor,
caramillos para los ángeles.
Cómo me divierto al deleitar
a Dios Señor
muerto en la cruz por nosotros.
Yo escondo mis dedos,
pero muy pocos ven
que cada alba de Dios
también nace de mis manos
y que yo, hombre infeliz,
soy el parteaguas del crucifijo.

Non toccate la mia sabbia dorata
calpestata da Gesù
che passa crocifisso.

No toquéis mi arena dorada
por donde ha pasado Jesús
crucificado.

Sorella morte,
buona come il peccato
ma finalmente giusta.
Peccatrice solerte
che recide il mio respiro
e lo ricompone,
tu sei la mia vera madre,
colei che conosce la mia vera anima,
che prende il figlio diletto della ragione
e lo depone sulle labbra del Creatore.

Hermana muerte,
buena como el pecado
y al fin justa.
Pecadora cuidadosa
que corta mi aliento
y lo recompone,
eres mi verdadera madre,
la que conoce mi verdadera alma
y toma al hijo amado con la razón
y lo deposita en los labios del Creador.

Ci sono uomini
che prendono le misure
della propria morte,
altri quelle della vita.
Combaciando vita e morte
insieme
esce un nuovo sillabo,
un respiro breve,
esce la parola «Dio».
Dalla confusione iniziale
delle nostre colpe
l'unione eletta
di un suono e di un amore,
l'unione di un tempio
di ferocia e di ascolto,
il tempio di un amore donato.
Dio vuole la prova terribile
della nostra santità,
Dio vuole la castità naturale.

Hay hombres
que toman las medidas
de su propia muerte,
otros toman las de la vida.
Al hacer que vida y muerte
coincidan
nace un nuevo sílabo,
un respiro breve,
nace la palabra «Dios».
Desde la confusión inicial
de nuestras culpas
la unión elegida
de un sonido y de un amor,
la unión de un templo
de crueldad y escucha,
el templo de un amor entregado.
Dios quiere la prueba terrible
de nuestra santidad,
Dios quiere la castidad natural.

Così mi sono sbarazzato
di tutti i drappi,
di tutte le feste,
dei banchetti,
delle urla,
delle ciance,
delle violenze.
Io mi sono trovato solo
davanti a un nido di uccelli,
poveri, soli, intirizziti dal freddo,
che erano gli angeli del mio povero eloquio.

Así me desembaracé
de todo ropaje,
de toda fiesta,
de banquetes,
de gritos,
de palabrerías,
de violencia.
Me encontré solo
frente a un nido de pájaros,
pobres, solos, entumecidos por el frío,
que eran los ángeles de mi pobre palabra.

Chiamavo «Dio»
come l'uomo chiama «madre»,
ed ecco il Folle Rigeneratore delle anime.
Ecco questa veste splendida del creato:
Dio mi ha coperto di ori e balbuzie
affinché tremassi
nel pronunciare le sue parole.
Tremo di freddo e di paura,
io, Francesco, povera chiosa di Dio
che sta al margine
dei suoi grandi abbandoni.

Llamaba a «Dios»
como el hombre llama a su «madre»,
y he aquí al Loco Regenerador de las almas.
He aquí este maravilloso atuendo de la creación:
Dios me recubrió de oro y tartamudeos
para que temblase
al pronunciar sus palabras.
Tiemblo de frío y de miedo,
yo, Francisco, pobre glosa de Dios
dejada al margen
de sus grandes abandonos.

O voi, amici,
che incontro lungo le strade,
a me sconosciuti,
ricchi di baldanze e di vesti,
amici caritatevoli,
fate la carità a me povero
che ho lasciato tutto
perché ho visto il Signore.
Posso anche parlarvi in diverse lingue:
Dio mi ha dato questa felice bontà
di poter piegare la mia lingua
a tutti i vostri desideri,
finché sono entrato negli animali
e ho cantato nelle allodole.

Oh vosotros, amigos,
a quienes encuentro por las calles
como desconocidos,
ricos en galanuras y atuendos,
amigos caritativos,
dad una limosna por mí
que todo lo dejé
por haber visto al Señor.
Puedo incluso hablaros en diversas lenguas:
Dios me ha dado esta feliz bondad
de poder doblegar mi lengua
a todos vuestros deseos,
hasta haber entrado en los animales
y cantado en las alondras.

Quando sentirete cantare un'allodola
pensate che state parlando con Francesco,
che Francesco vi parla nel cuore,
perché non avevo altro modo
di volare fino a Dio
se non attraverso gli uccelli,
una manna di piume,
questi uccelli vigorosi e inutili
che vengono e beccarmi il volto:
è la musica di Francesco.
Forse per i poveri e per me
non ho da mangiare,
ma ho le mani gonfie di grano:
ho saziato tutti gli uccelli del cielo.
E nell'uccello, a volte misero e nudo,
ho visto una piuma di quell'angelo
che volò dritto verso Maria.

Cuando escuchéis cantar a una alondra
pensad que estáis hablando con Francisco
y que Francisco está hablando a vuestro corazón,
porque no tenía otra forma
de volar hacia Dios
si no a través de los pájaros,
un maná de plumas,
estos pájaros vigorosos e inútiles
que vienen a picotearme el rostro:
es la música de Francisco.
Quizá para los pobres y para mí
no haya que comer,
pero tengo las manos llenas de trigo:
he saciado a todos los pájaros del cielo.
Y en el pájaro, a veces miserable y desnudo,
he visto una pluma de aquel ángel
que voló directo hacia María.

Anch'io ho avuto
un'annunciazione,
anch'io ho avuto
una lunga gravidanza di fede,
anch'io devo partorire il mio vero Dio,
anch'io sono una femmina
congiunta a quel maschio
che chiamo martirio.
Anch'io sono cieco delle mie lacrime,
perciò, fratelli ricchi
guardate a un povero
che non è diventato conte
ma che vi chiede
un po' di mangime
per la sua musica,
per poter innalzare la lingua
fino alla lode di Dio.
Tutte le creature
cantano la lode di Dio,
tutte le creature
non fanno che vivere
per volontà del Signore.
Anch'io sono vivo
solo grazie alla sua carità
e sono nudo e sofferente così,
finché rimarrà solo un filo di voce
per legarmi alle caviglie
del mio Signore morente.

También yo tuve
una anunciación,
también yo tuve
una larga preñez de fe,
también yo tengo que parir mi verdadero Dios,
también yo soy una hembra
enlazada con aquel macho
que se llama martirio.
También yo estoy ciego de mis lágrimas,
por eso, hermanos ricos,
mirad a un pobre
que no se convirtió en conde
y sólo os pide
un poco de alimento
para su música,
para poder elevar su lengua
hacia la alabanza de Dios.
Todas las criaturas
cantan alabanzas a Dios,
todas las criaturas
no hacen sino vivir
gracias a la voluntad del Señor.
También yo estoy vivo
sólo gracias a su caridad
y estoy desnudo y sufro de esta forma,
hasta que sólo quede un hilo de voz
para atarme a los tobillos
de mi Señor moribundo.

O frate sole,
che ti innalzi sul mondo
e cominci e fecondare le messi
affinché nascano in allegria giubilando
nel profondo dell'anima.
Sorella acqua,
che scorri copiosa e santa
dove io ristoro i miei piedi nudi.
Erba fedele,
che irrori il sangue del giusto
e non fai guerra a nessuno.
Luna,
che copri il mondo dalle paure
e fai riposare il sogno,
sorella ingenua e facile
che inganni l'uomo,
quanto durerà il nostro riposo?

Oh hermano sol,
que te elevas sobre el mundo
y comienzas a fecundar las cosechas
para que nazcan en gozosa alegría
desde lo profundo del alma.

Hermana agua,
que fluyes copiosa y santa
donde yo alivio mis pies desnudos.

Hierba fiel,
que riegas la sangre del justo
y no haces la guerra a nadie.

Luna,
que proteges al mundo de sus miedos
y haces descansar el sueño,
hermana ingenua y dócil
que engañas al hombre,
¿cuánto durará nuestro reposo?

Ma ecco che il sole ci rende guerrieri
e tutti torniamo a lavorare
lodando il Signore
per le sue grandi abbondanze.
Ed ecco la lingua dell'uomo
che tace ed ascolta
e canta le lodi di Dio.
Ecco l'uomo felice
che viene rapito dalla morte
e torna insieme al Signore...

Pero sucede que el sol nos convierte en guerreros
y todos regresamos a trabajar
alabando al Señor
por sus grandes abundancias.
Y he aquí la lengua del hombre
que calla y escucha
y canta las alabanzas de Dios.
He aquí el hombre feliz
que es raptado por la muerte
y regresa junto al Señor...

O Dio
che mi hai dato in mano
l'origine dell'uomo e le sue calde radici,
pensa che dal Golgota
hanno divelto la tua croce
e me l'hanno piantata nel corpo.
Tu non sai quante torture d'amore.
Risveglio la tua resurrezione ogni notte
e muoio ogni giorno
nelle mie fragranze deboli.
Piantare Cristo in noi,
piantare la croce nel palpito
dei nostri visceri,
sentire la maternità del legno.
Gesù,
una scia di stelle
accompagna il tuo santo presepe.

Oh Dios
que pusiste en mi mano
el origen del hombre y sus cálidas raíces,
piensa que desde el Gólgota
arrancaron tu cruz
para clavarla en mi cuerpo.
No sabes cuántas torturas de amor.
Despierto tu resurrección cada noche
y muero cada día
en mis débiles fragancias.
Plantar a Cristo en nosotros,
plantar la cruz en el latido
de nuestras vísceras,
sentir la maternidad del madero.
Jesús,
una estela de estrellas
acompaña tu santo pesebre.

Io sono il primo artigiano di Dio
e farò questo presepe
per la sete elementare dei giusti.
Nel tempo gli uomini
ricorderanno la tua povertà.

Soy el primer artesano de Dios
y haré este pesebre
para la sed elemental de los justos.
Con el paso del tiempo los hombres
recordarán tu pobreza.

Ed ecco che vengono
dal lontano Oriente,
ed ecco le preghiere
dell'unificazione dei popoli,
ed ecco che tutti adorano
l'unico Agnello
che è il Figlio di Dio.

Y he aquí que vienen
desde el lejano Oriente,
y he aquí las plegarias
por la unificación de los pueblos,
y he aquí que todos adoran
al único Cordero
que es el Hijo de Dios.

O stella che accompagni i pastori,
con la coda in fiamme,
parola che guida a una capanna spoglia,
chi ti metterà sulla guglia
più alta del mondo?

Oh estrella que acompañas a los pastores,
con la cola en llamas,
palabra que nos lleva hacia la austera cabaña,
¿quién te encumbrará sobre el pináculo
más alto del mundo?

Tutte le meraviglie, Dio,
si occultano nella tua notte,
nella mano pietosa del buio.
Tutti i grandi amori
si consumano nel silenzio
nella mano pietosa dell'abbandono.

Todas las maravillas, Dios,
se ocultan en tu noche,
en la mano piadosa de la oscuridad.
Todos los grandes amores
se consumen en el silencio
en la mano piadosa del abandono.

Io mi sento abbandonato
da te, Signore,
come colui che si fa attendere
troppo a lungo,
come l'innamorato
che fa vibrare
le corde del suo silenzio.
Che ne è di quell'orrendo battiscafo
che sono le mie parole?
Che ne è di quella nave senza timone
che è il mio sguardo?
Chiudo gli occhi e mi sento gravido
del tuo sogno,
chiudo gli occhi
e mi sento gravido del Golgota.

Me siento abandonado
por ti, Señor,
como aquel que se hace esperar
durante largo tiempo,
como el enamorado
que hace vibrar
las cuerdas de su silencio.
¿Qué fue de ese horrendo batiscafo
que son mis palabras?
¿Qué fue de esa nave sin timón
que es mi mirada?
Cierro los ojos y me siento preñado
de tu sueño,
cierro los ojos
y me siento preñado del Gólgota.

Quasi simile alla voce di Dio...
ci si inganna facilmente...
Il demonio così suadente
è un armigero pieno di colpe.
Io davanti al diavolo
mi sono presentato nudo come Gesù
e lui non ha potuto colpirmi.
Niente fa più paura al diavolo
della castità e del principio della castità,
di ciò che Dio ha creato:
il corpo.
Mio padre mi ha rinnegato.
Dopo quello che ho fatto
mio padre mi ha cacciato.
Come potevo dire a mio padre,
che pure amo tanto,
che lui non era il mio vero padre ma Dio,
che ci ha creati tutti?
Sono qua con un saio tutto rattoppato
che piango contro un muro,
il muro della mia celebrità celeste.

Muy parecido a la voz de Dios...
se nos engaña con facilidad...
El demonio tan persuasivo
es un armígero lleno de culpas.
Frente al diablo
me presenté desnudo como Jesús
y él no pudo abatirme.
Nada teme más el diablo
que la castidad y el principio de la castidad,
lo que Dios ha creado:
el cuerpo.
Mi padre renegó de mí.
Después de lo que hice
mi padre me echó.
¿Cómo decirle a mi padre,
a quien tanto amo,
que él no era mi verdadero padre sino Dios,
quien nos ha creado a todos?
Heme aquí en un sayal todo parchado
llorando frente a un muro,
el muro de mi celebridad celeste.

Dio, come mi ha premiato il Signore
con questo manto di sacco,
con quest'unica veste,
con questo cilicio di obbrobrio,
un'unica veste, Signore:
la mia pietà.
Se mio padre sapesse che io lo celebro
ogni giorno guardando il cielo
e che invoco per lui queste consolazioni
che io provo quando mordo la polvere,
cacciato da tutti come un cane.

Dios, cómo me ha premiado el Señor
con este sayal,
con este único hábito,
con este cilicio de oprobio,
un único hábito, Señor:
mi piedad.
Si mi padre supiera que yo lo celebro
cuando miro al cielo cada día
y que invoco para él estos consuelos
que yo pruebo cuando muerdo el polvo,
echado por todos como un perro.

O demonio infernale
che vieni da me e mi dici:
«Copriti, hai freddo,
non hai neanche un giaciglio».
Vattene!
Sono un uomo diseredato e penso
e sento nell'aria gli insulti di mio padre,
lui che mi maledice.
Quanti errori commettono i padri
rivestendo di gemme i figli
che vogliono la povertà e il lavoro
e la dimestichezza con Dio.
Io bacerò le piaghe degli uomini:
sono pieni di infezioni
e di una piaga spirituale
che io assolutamente, Signore,
voglio guarire.

Oh demonio infernal
que vienes a mí y me dices:
«Cúbrete, tienes frío,
ni siquiera tienes un camastro».
¡Vete!
Soy un hombre desheredado y pienso
y en el aire siento los insultos de mi padre,
él que me maldice.
Cuántos errores cometen los padres
recubriendo de joyas a los hijos
que buscan la pobreza y el trabajo
y la intimidad con Dios.
Besaré las llagas de los hombres:
están llenas de infecciones
y de una llaga espiritual
que yo, absolutamente, Señor,
deseo sanar.

Signore, se io ti disconoscessi
rinnegherei la mia medesima vita
e il fatto che sono un mortale,
un comune mortale,
e che diventerò cenere
ma anche alabastro, e incenso
e profumazione divina.
Se io ti disconoscessi, Signore,
e non fossi lieto
delle mie atroci ignominie,
dei miei brutti difetti di uomo,
non potrei pensare che tu un giorno
non solo bacerai le mie piaghe
ma le porterai nei cieli.
E più sarò piagato
e più tu mi amerai.

Señor, si yo te desconociera
renegaría de mi propia vida
y del hecho de que soy mortal,
un común mortal,
y de que me convertiré en cenizas
pero también en alabastro e incienso
y aroma divino.
Si yo te desconociera, Señor,
y no me sintiera dichoso
de mis atroces ignominias,
de mis feos defectos de hombre,
no podría pensar que tú un día
no sólo besarás mis llagas
sino que las llevarás al cielo.
Y cuanto más llagado
más me amarás.

O Dio,
che rinuncia devo fare
per sentire i venti
del primo mattino,
un aere di stelle silenziose
che volano e si sperdono
nel firmamento
come zaffate di fuoco?
Ma chi vede in me
questa epidemia di fede?
sono pieno di angeli peccatori
che vengono da me
ma vogliono tornare a Dio.
Come si fa a tornare a Dio
dopo il silenzio dell'universo?

Oh Dios,
¿a qué debo renunciar
para sentir los vientos
de la primera mañana,
una brisa de estrellas silenciosas
que vuelan y se pierden
en el firmamento
como ráfagas de fuego?
¿Pero quién ve en mí
esta epidemia de fe?
Estoy colmado de ángeles pecadores
que vienen a mí
pero desean regresar a Dios.
¿Cómo se hace para volver a Dios
después del silencio del universo?

Mentre io mi dibatto, Signore,
a capire il perché delle cose,
mentre mostruosamente attratto
dalla croce
non ne capisco né i segni né i vincoli,
ecco che scendi nelle mie parole
e vi metti il silenzio.

Il sacro timore di Dio
ancora mi avvolge
e mi fa tremare di febbre.
Anche mio padre era collerico,
ma la tua collera è divina,
la tua collera è pura giustizia.

Mientras me debato, Señor,
para comprender el porqué de las cosas,
mientras monstruosamente atraído
por la cruz
no comprendo ni sus símbolos ni sus vínculos,
entonces desciendes en mis palabras
y en ellas pones el silencio.

El sagrado temor de Dios
aún me envuelve
y me hace temblar de fiebre.
También mi padre era colérico,
pero tu ira es divina,
tu ira es justicia pura.

Dio, come mi batte il petto
al primo splendore del sole,
e come tu mi rapisci in alto,
così in alto
che io mi sento già morto.

Dios, cómo late mi pecho
ante el primer resplandor del sol,
y cómo tú me raptas hacia lo alto,
tan alto
que ya me siento muerto.

Il momento più bello della mia vita
è quando, Signore,
riesco a uscire dal corpo.
Veramente non sono io che esco
che non lascerei mai
questo giaciglio di infamia a nessuno.
È un giaciglio di morte, lo so,
ma è il primo vestito
che mi hanno cucito addosso
mio padre, mia madre e la dea natura.
Io ho amato questo giaciglio infernale,
pieno di confusione,
ma poi tu ogni tanto mi chiami
e io salgo fino a te
e guardo per terra
quel povero burattino ben vestito
che sono stato per tanti anni.
Hai una voce poderosa
che ha un'eco universale.

El momento más bello de mi vida
es cuando, Señor,
logro salir de mi cuerpo.
En verdad no soy yo quien sale
pues jamás dejaría
a nadie este lecho de infamia.
Es un lecho de muerte, lo sé,
pero es el primer vestido
que zurcieron sobre mi cuerpo
mi padre, mi madre y la diosa naturaleza.
Amé este lecho infernal,
lleno de confusión,
pero tú de pronto me llamas
y yo voy hacia ti
y miro hacia abajo
a aquel pobre títere engalanado
que he sido durante años.
Tienes una voz poderosa
con un eco universal.

Io ho udito, Signore, la tua voce
e ho creato la musica,
perché solo attraverso la musica
solo attraverso le scale degli angeli
io raggiungo la tua bocca.

Hai labbra magnifiche che odorano di rose:
non sei né giovane né vecchio,
né uomo né donna.
Sei soltanto Colui
che crea il pensiero.

He oído, Señor, tu voz
y he creado la música,
porque sólo a través de la música
sólo a través de las escaleras de los ángeles
alcanzo tu boca.

Tienes labios magníficos que huelen a rosas:
no eres ni joven ni viejo,
ni hombre ni mujer.
Sólo eres Aquel
que crea el pensamiento.

A coloro che mi considerano
un uomo rotto dalle fatiche
io rispondo
che sono un uomo felice
perché ho visto da vicino
il volto del mio Signore.

A los que me consideran
un hombre maltrecho por la fatiga
yo respondo
que soy un hombre feliz
porque he visto de cerca
el rostro de mi Señor.

Nessun volto
era più bello del tuo
né più eternamente adolescente.
Era in sé un vulcano di fuoco,
Signore,
ma che non si spegne mai,
quasi buttato fuori dagli inferi
e asceso direttamente al cielo.

Ningún rostro
era más bello que el tuyo
ni más eternamente adolescente.
Era en sí un volcán de fuego,
Señor,
que no se apaga nunca,
casi echado del infierno
y ascendido directamente al cielo.

Oh, io ascolto le parole di Dio
e come ogni tenero amante
non dirò a nessuno
ciò che lui mi dice:
sono perle che cadono
nell'acqua delle mie orazioni
e mi lavano il volto.
Stendo il mio corpo,
lo faccio aderire alla mia morte
e ne ho un indicibile sollievo.
Le mie piaghe si richiudono subito
e si riaprono il giorno dopo,
quando divento un uomo eretto
pieno di superbia
come tutti gli uomini.
Allora sento la viva potenza
del mio Signore
che mi vuole schiavo d'amore.
Come tutti gli amanti
che non parlano
se non attraverso le loro azioni,
io afferro i piedi del mio Signore
e li bacio,
sanguinante e libero
come tutti gli uccelli del cielo.

Oh, escucho las palabras de Dios
y como todo tierno amante
a nadie diré
lo que él me dice:
son perlas que caen
en el agua de mis oraciones
y lavan mi rostro.
Extiendo mi cuerpo,
hago que se adhiera a mi muerte
y siento un indescriptible alivio.
Mis llagas se cierran de inmediato
y se reabren al día siguiente,
cuando me convierto en hombre erecto
pleno de soberbia
como todos los hombres.
Entonces siento la viva potencia
de mi Señor
quien me quiere como esclavo de amor.
Como todos los amantes
que no hablan
sino a través de sus acciones,
aferro los pies de mi Señor
y los beso,
sangrante y libre
como todos los pájaros del cielo.

Io forse ho un blasone
che pochi vedono,
che sta scritto in alto,
sulla tua croce:
quel foglio di carta rosso,
quella scritta,
la scritta di un pazzo.
E io sono folle,
folle come te, Signore,
folle d'amore perché quel cartello
è la scritta irrisoria
di chi avrebbe potuto peccare
e non l'ha fatto,
di chi avrebbe voluto gemere
e l'ha fatto col proprio corpo.

Quizá poseo un blasón
que pocos ven,
que está escrito en lo alto
de tu cruz:
aquella hoja de papel rojo,
aquella inscripción,
la inscripción de un loco.
Y yo estoy loco,
loco como tú, Señor,
loco de amor porque aquella leyenda
es la inscripción irrisoria
de quien habría podido pecar
y no lo hizo,
de quien habría deseado gemir
y lo hizo con su propio cuerpo.

Io sono diventato
il ponte buttato tra la tua nascita
e la tua resurrezione.
Camminate sopra di me,
calpestate Francesco
per arrivare fino al Calvario.
improvvisamente, Signore,
io ho attutito le urla degli angeli,
ma vociavano tutti intorno a me,
gridavano a me,
corrotti dal vino.
Ma quando gli angeli
sono diventati ebbri
se non quando ti hanno visto
spogliato come me?
E tu eri il Signore del mondo.

Me he convertido
en el puente que une tu nacimiento
y tu resurrección.
Caminad sobre mí,
pisad Francisco
para llegar hasta el Calvario.
De pronto, Señor,
he atenuado los gritos de los ángeles,
pero vociferaban todos a mi alrededor,
me gritaban,
corrompidos por el vino.
Pero ¿cuándo se embriagaron
los ángeles
si no al verte desnudo como yo?
Y tú eras el Señor del mundo.

Il dilemma infelice
che confonde uomini e donne
in un unico sortilegio:
il dubbio dell'esistenza di Dio.

El dilema infeliz
que confunde a hombres y mujeres
en un único sortilegio:
la duda de la existencia de Dios.

Ciò che l'uomo trova inutile,
le cose più piccole, i più insignificanti silenzi,
Dio li trova estremamente preziosi.
Perciò io salverò ogni filo d'erba,
perciò le creature dimenticate
diventeranno le mie creature:
gli emarginati, gli storpi,
coloro che l'uomo
non vuol ricevere nel suo cuore,
ma che la morte abbraccia,
questa sorella che io amo sopra ogni cosa.

Lo que el hombre considera inútil,
las cosas más pequeñas, los más insignificantes silencios,
Dios los encuentra extremadamente valiosos.
Por eso yo salvaré cada brizna de hierba,
por eso las criaturas olvidadas
serán mis criaturas:
los marginados, los lisiados,
aquellos que el hombre
no quiere recibir en su corazón,
pero que la muerte abraza,
esta hermana que yo amo por encima de toda cosa.

L'acqua,
salutare elemento del sogno:
il battesimo libera il sogno
dalle nostre dita
e la forma dell'uomo eterno,
la forma di Dio e delle sue spine
germoglia dalle mie mani.
Come non liberare tutti gli uccelli
che ho nel corpo
e che cantano i tuoi osanna?
La preghiera non è nulla:
è una tomba che va devastata,
devastata fino allo spasimo,
per tirar fuori l'unico Verbo,
la vera parola di Dio.
Io sono l'unico uomo
che vuole fronteggiare la croce,
che vuole stare sotto i piedi di Dio,
schiacciato dalla sua misericordia.

El agua,
saludable elemento del sueño:
el bautismo libera el sueño
de nuestros dedos
y de la forma del hombre eterno,
la forma de Dios y de sus espinas
brota de mis manos.
¿Cómo no liberar a todos los pájaros
que tengo en mi cuerpo
y que cantan tus hosannas?
La plegaria no es nada:
es una tumba que debe ser demolida,
demolida hasta el espasmo,
para que surja el único Verbo,
la verdadera palabra de Dios.
Soy el único hombre
que quiere enfrentar la cruz,
que quiere estar bajo los pies de Dios,
aplastado por su misericordia.

Oh, l'amore fuga ogni elemento di dubbio.
Nessun freddo pungente,
nessuna intemperanza
ha potuto scalfire la mia pelle:
sono rimasto fresco
come un pane appena sfornato
e mi sono cibato del mio stesso corpo.
Com'è dolce il corpo
quando mostra tutte le sue mondanità
e se ne disfa.
La mia debolezza è questa:
amare Dio oltre ogni limite,
amarlo attraverso la preghiera
e l'ascolto della preghiera.
Dio risparmia i miei nemici:
sono molti e pieni di coltelli,
sono orde di uomini
che vogliono colpire la mia castità,
il mio eterno lutto per la tua croce.

Oh, el amor disipa todo elemento de duda.
Ningún frío punzante,
ninguna intemperancia
pudo esgrafiar mi piel:
he permanecido fresco
como un pan recién horneado
y me he alimentado de mi propio cuerpo.
Cuán dulce es el cuerpo
cuando muestra toda su mundanidad
y luego se deshace de ella.
Mi debilidad es esta:
amar a Dios más allá de todo límite,
amarlo a través de la oración
y la escucha de la oración.
Dios perdona a mis enemigos:
son muchos y llenos de cuchillos,
son hordas de hombres
que quieren perjudicar mi castidad,
mi eterno duelo por la cruz.

Sono pieno di nemici, Signore,
ma anche di amici:
gli uccelli che libero dalle mie mani
sono le mie parole d'amore,
e ti ringrazio
per le infinite lavande di lacrime
con le quali pulisco il mio corpo
giorno per giorno.
Oh, il pianto:
sublime dono di Dio,
regalo di luce.
Le tenebre hanno paura
del pianto degli uomini:
i cattivi non sanno piangere,
ma io quando mi chino sopra un lebbroso
con le mie lacrime
lo mondo dalle sue impurità:
di questo sono assolutamente certo.

Estoy rodeado de enemigos, Señor,
pero también de amigos:
los pájaros que dejo ir de mis manos
son mis palabras de amor,
y te agradezco
por las infinitas lavandas de lágrimas
con las que limpio mi cuerpo
día tras día.
Oh, el llanto:
sublime obsequio de Dios,
regalo de luz.
Las tinieblas temen
el llanto de los hombres:
los malos no saben llorar,
pero yo, cuando me inclino sobre un leproso,
con mis lágrimas
lo limpio de sus impurezas:
de ello estoy plenamente cierto.

Io, Francesco di Dio,
mentecatto di Dio,
io servitore di Dio,
voglio far ridere il mio Signore,
e voglio ricordargli ogni mattina
com'è venuto al mondo
e rinnovare la sua nascita.
I pastori, gli uccelli,
le pecore, la mia solatia ragione,
le donne che accompagnano il silenzio,
e sopra il silenzio estatico
il tuo giudizio:
io, elemosiniere di Dio,
cercherò la pietà dei miei simili.

Yo, Francisco de Dios,
majadero de Dios,
yo servidor de Dios,
quiero hacer reír a mi Señor,
y quiero recordarle cada mañana
cómo llegó al mundo
y renovar su nacimiento.
Los pastores, los pájaros,
las ovejas, mi soleada razón,
las mujeres que acompañan el silencio,
y sobre el silencio estático
tu juicio:
yo, limosnero de Dios,
buscaré la piedad de mis semejantes.

Il fiore,
questa immensa tenerezza dei prati
che sfiora gli uccelli
con le ali segrete della giovinezza.
Il fiore,
che si apre come il seno di una donna
al richiamo divino,
non è altro che un blocco
d'incertezza e di paura
che viene toccato dalla grazia di Dio.
Io, Signore,
ero un blocco di bestemmia
e di dissipazione,
poi la tua luce mi ha scoperto
e sono esploso in tutta la mia bellezza.

La flor,
esta inmensa ternura de los prados
que acaricia los pájaros
con las alas secretas de la juventud.
La flor,
que se abre como el seno de una mujer
al llamado divino,
es tan sólo una mezcla
de incertidumbre y miedo
tocada por la gracia de Dios.
Yo, Señor,
era una mezcla de blasfemia
y disipación,
hasta que tu luz me descubrió
para estallar en toda mi belleza.

Ora io ti guardo
con gli occhi dei miei petali
e coi petali dei miei occhi,
e sono denso di rugiada e di baci
e ti bacio, Signore,
ed esprimo il mio bene per te
con la sottile floridezza del fiore.

Io abbevero tutti gli animali del cielo
e a me guarda Maria, tua madre,
che era un fiore di bellezza
sullo stelo della tua bontà.

Ahora te miro
con los ojos de mis pétalos
y con los pétalos de mis ojos,
y estoy colmado de rocío y besos
y te beso, Señor,
y expreso mi bien hacia ti
con la sutil lozanía de la flor.
Abrevo a todos los animales del cielo
y me observa tu madre, María,
que era una flor de belleza
sobre el tallo de tu bondad.

Non pensavo, Signore, di diventare un fiore,
dopo l'ostinazione dei miei peccati.
Mi sembrava di essere un artificiere,
uno che batteva con un martello
il chiodo fisso della sua follia di uomo.
Ecco, questo chiodo, la mia ostinazione terrena,
l'ho messa nelle tue mani,
e tu hai così sanguinato per me
che sono venuto sotto la croce
con la bocca aperta a bere il tuo sangue
perché il tuo sangue generasse rose.

No pensaba, Señor, convertirme en flor,
después de la obstinación de mis pecados.
Me sentía como un artillero
que golpeaba con un martillo
la obsesión de su locura de hombre.
Pues esta obsesión, mi obstinación terrenal,
la he puesto en tus manos,
y tú has sangrado tanto por mí
que fui al pie de tu cruz
con la boca abierta a beber de tu sangre
para que de tu sangre surgieran rosas.

O Dio,
come mi vergogno di avere indossato
vesti sontuose e piene di maleficio
solo per coprire le mie vergogne:
adesso sono nudo,
nudo e felice,
e sono il fiore dei miei peccati,
sono il tuo sospiro d'amore.

Oh Dios,
cómo me avergüenzo de haberme
vestido con ropas suntuosas llenas de maleficio
sólo para cubrir mis vergüenzas:
ahora estoy desnudo,
desnudo y feliz,
y soy la flor de mis pecados,
soy tu suspiro de amor.

Così come comincia il giorno
comincia la visione del tuo volto, Chiara,
e mai donna fu più contenta
di essere vicina e lontana da Dio
nello stesso momento.
Come tutte le donne
la bramosia del tuo ventre,
la mia bramosia,
non sono che lupi affamati
che chiedono di divorare
la carne del mio Signore.

Así como inicia el día
inicia la visión de tu rostro, Clara,
y nunca una mujer fue más feliz
de estar cerca y lejos de Dios
a un mismo tiempo.
Como todas las mujeres
el deseo en tu vientre,
mi deseo,
no son sino lobos hambrientos
que piden devorar
la carne de mi Señor.

O donna angelicata e sublime,
come non diventerò un grande poeta
cantando le tue sublimi stanchezze.
Come siamo stanchi, Chiara,
di camminare su questa terra
che non dà luce.
Noi siamo due torce d'amore per Dio,
ma abbiamo scoperto, divina compagna,
che se il nostro corpo
è una prigione con mille sbarre,
dopo si allarga la valanga del cielo.
O Chiara,
siamo prigionieri di noi stessi
e non serve a niente
demolire questi limiti
se Dio non ci rapisce.

Oh mujer angelical y sublime,
jamás seré el gran poeta
cantando tus sublimes fatigas.
Qué cansados estamos, Clara,
de caminar por esta tierra
desprovista de luz.
Somos dos antorchas de amor para Dios,
pero hemos descubierto, divina compañera,
que si nuestro cuerpo
es una prisión de mil barrotes,
después crece la avalancha del cielo.
Oh Clara,
somos prisioneros de nosotros mismos
y no sirve de nada
demoler estos límites
si Dios no nos secuestra.

Un tempo, Chiara, io ero un seduttore,
un uomo che trovava il gaudio
nella morte del corpo,
e non vedevo che il corpo è spirito.
Allora, sorella,
toccando la tua visione celeste
ho toccato, Chiara, la tua anima,
e mai abbandonerò il tuo corpo
per colpa di questa anima grande.
Le tue preghiere mi hanno salvato
come la tua solitudine.
Tu ti sei trincerata dietro un pensiero fisso
che è la materia di Dio
fatta uomo.

Hace tiempo, Clara, yo era un seductor,
un hombre que hallaba el goce
en la muerte del cuerpo,
sin ver que el cuerpo es espíritu.
Entonces, hermana,
tocando tu visión celeste,
toqué, Clara, tu alma,
y nunca abandonaré tu cuerpo
por culpa de esta alma grande.
Tus plegarias me han salvado,
también tu soledad.
Te protegiste detrás de una obsesión
que es la materia de Dios
hecha hombre.

Morirò davanti alle tue sbarre, Chiara,
che ti hanno preservata
dal mio amore disordinato.
Morirò cantando la mia canzone d'amore.
Morirò guardando i tuoi occhi,
che sono teneri come quelli di Maria.
Lo so, ti sei tolta dalla terra
e come me
hai messo radici in una pietra.
Ma Dio mi ha fatto la grazia
di vedere cosa c'era oltre il tuo sguardo:
quella rinuncia
che adesso ha toccato anche me.
E sembra lebbra il mio corpo,
invece ho scoperto
che più è maleodorante
e più profuma.
Così come prenderò Cristo sulle mie spalle,
quel dolce cadavere di Maria
che è il tuo,
che mi muore nel grembo.

Moriré frente a tus barrotes, Clara,
que te han preservado
del desorden de mi amor.
Moriré cantando mi canción de amor.
Moriré mirándote a los ojos,
que son tiernos como los de María.
Lo sé, te arrancaste de la tierra
y como yo
echaste raíces en una piedra.
Pero Dios me concedió la gracia
de ver lo que había más allá de tu mirada:
la renuncia
que ahora también me ha tocado.
Y parece lepra mi cuerpo,
en cambio he descubierto
que cuanto más maloliente
más perfuma.
Así como cargaré a Cristo en mis hombros,
aquel dulce cadáver de María
que es el tuyo,
que en mi vientre muere.

Il mio racconto di fede
non è un racconto
e neanche un respiro umano:
tu mi parli per bocca di lui,
io sillabo una sciarada
che non so capire.
Sono Francesco,
colui che, cullato da Dio,
medica le sue lenzuola sporche
di oscuri diamanti.

Mi relato de fe
no es una narración
ni tampoco un respiro humano:
tú me hablas a través de su boca,
yo silabeo un enigma
que no puedo comprender.
Soy Francisco,
aquel que, arrullado por Dios,
cura sus sábanas sucias
con oscuros diamantes.

Sono l'uomo più ricco della terra,
il più inatteso,
il più solo,
ma se io prendo un fiore
e mi accorgo di quanti petali
è fatta la sua corolla,
capisco che ogni petalo
è un comandamento di Dio.

Soy el hombre más rico de la tierra,
el más inesperado,
el más solitario,
pero si tomo una flor
e intuyo cuántos pétalos
tiene su corola,
comprendo que cada pétalo
es un mandamiento de Dios.

Poca acqua da bere:
questa è la bocca del mio sognare,
è la perla di un fiore,
è il mutamento dell'acqua.
Una lacrima sola
è la gemma del Creatore.
Come si fa a dire che una stilla d'amore
è come un nubifragio?
E in me è una sorgente,
la sorgente dell'amore divino.
Come voglio essere simile
al tuo volto, Signore,
alla tua pena,
ai tuoi grandiosi spettacoli di gloria.

Poca agua para beber:
esta es la boca de mi soñar,
es la perla de una flor,
es la mutación del agua.
Una lágrima sola
es la joya del Creador.
¿Cómo se puede decir que una gota de amor
es como una tempestad?
Y en mí hay un manantial,
el manantial del amor divino.
Cómo deseo parecerme
a tu rostro, Señor,
a tu pena,
a tus grandiosas manifestaciones de gloria.

Alzo le mie mani
e sembro uno sciacallo
che vuole divorare la tua carne.
Ah, Signore, mangiarti
nello spazio e nel tempo...
Signore, una lacrima,
una lacrima che mi devasti il cuore.

Elevo mis manos
y parezco un chacal
que quiere devorar tu carne.
Ah, Señor, comerte
en el espacio y en el tiempo...
Señor, una lágrima,
una lágrima que me devaste el corazón.

Ho il volto solcato dalle lacrime.
Dio, come ti amo,
quanta pena nel cuore
e quanto gaudio.
Ogni giorno mi sveglio,
mi carico della tua croce
e la porto verso il Golgota.
Mi sono messo così, a piedi nudi,
per sentire l'arena del deserto.
Ah, di quanta sabbia è fatta la solitudine,
di quante promesse evangeliche.
Io sono un grande cammello di Dio:
attraverserò il deserto
cavalcato dall'onda del mio amore per te.

Tengo el rostro surcado por las lágrimas.
Dios, cómo te amo,
cuánta pena en mi corazón
y cuánta dicha.
Cada día me despierto,
cargo tu cruz
y la llevo hacia el Gólgota.
Quise caminar descalzo,
para sentir la arena del desierto.
Ah, de cuánta arena está hecha la soledad,
de cuántas promesas evangélicas.
Yo soy un gran camello de Dios:
atravesaré el desierto
cabalgando la ola de mi amor por ti.

Come amo quella tua bilancia
che quotidianamente pesa le mie lacrime
e le mie tentazioni.
Anch'io sono stato tentato dai demoni:
essi mi dilaniano la carne.
Signore, se tu sentissi le unghie del demonio:
scorticano vivi i santi.
Però la mia carne sta diventando biada di Dio.
Tu mangerai la mia biada,
il mio pensiero ti nutrirà: è pastura di angeli.
Mangia la mia biada, Signore:
è fatta di solo amore.

Cómo amo esa balanza tuya
que cada día pesa mis lágrimas
y mis tentaciones.
También yo he sido tentado por los demonios:
ellos han lacerado mi carne.
Señor, si tú sintieras las garras del demonio:
desuellan vivos a los santos.
Pero mi carne se está convirtiendo en el forraje de Dios.
Tú comerás mi forraje,
mi pensamiento te alimentará: es alimento de ángeles.
Come mi forraje, Señor:
está hecho sólo de amor.

O Signore, adagio adagio morirò
cercando di resistere al demonio,
e ormai sono un fantoccio
fatto di soli stracci con solo l'anima.

«Vai Francesco, e salva la mia Chiesa.»

Io andrò scalzo a salvare le fondamenta di Dio
ma soprattutto voglio salvare il tuo volto,
e celebrarlo e scomparire
nella profondità delle tue mani.

Oh Señor, lento, muy lento moriré
intentando resistirme al demonio,
y ahora soy un monigote
hecho de andrajos con tan sólo el alma.

«Ve Francisco, y salva mi Iglesia».

Caminaré descalzo para salvar los cimientos de Dios
pero ante todo quiero salvar tu rostro,
y celebrarlo para luego desaparecer
en la profundidad de tus manos.

Ti offro, Signore,
questo corpo
pieno di lutti e di ferite,
questo corpo solo,
questa bandiera senza pulpito,
quest'uomo senza vento
che abita nel deserto della solitudine.
Ma gli angeli mi conducono,
creature invisibili
e festose,
racconti della tua divinità.

Te ofrezco, Señor,
este cuerpo
lleno de lutos y heridas,
este cuerpo solo,
esta bandera sin púlpito,
este hombre sin viento
que habita el desierto de la soledad.
Pero los ángeles me guían,
criaturas invisibles
y festivas,
relatos de tu divinidad.

Non so perché, Signore,
per te sono diventato un favo di miele
e perché tu bevi
la mia speranza.

No sé por qué, Señor,
por ti me he convertido en un panal de miel
ni por qué bebes
mi esperanza.

Adempiuto il mio spazio alla vita
che era come il colore dell'universo
non mi resta, Signore,
che il grazioso profumo della morte.
Dico «morte», dico «grazioso»
perché finalmente ti rivedrò,
vivo, nella tua resurrezione.
Gesù,
mettimi a piangere
contro tutti i muri del mondo,
come un bambino che urla
perché la mamma tarda
a venirlo a prendere.
Ma dov'è, Signore, la madre di Francesco
se non tu,
che hai le mammelle gonfie
di latte e di miele,
grande Gerusalemme.

Tras consumar mi espacio en la vida
que era como el color del universo
no me queda más, Señor,
que el agradable aroma de la muerte.
Digo «muerte», digo «agradable»
porque al fin volveré a verte,
vivo, en tu resurrección.
Jesús,
haz que llore
frente a todos los muros del mundo,
como el niño que grita
cuando la madre llega tarde
a recogerlo.
Pero quién es, Señor, la madre de Francisco
si no tú,
que tienes los pechos hinchados
de leche y miel,
gran Jerusalén.

O bimbo solitario e infelice,
che sono io,
bimbo oltraggioso e oltraggiato
che ha tardato a credere nel suo Creatore,
bimbo senza dimora,
bimbo che danza come un giullare
davanti alla tua croce.

Oh niño solitario e infeliz,
que soy yo,
niño ultrajoso y ultrajado
que tardó en creer en su Creador,
niño sin morada,
niño que danza como un juglar
frente a tu cruz.

Io potrei prendere quest'acqua, Signore,
che vale una lacrima
e dissetarmi.
Invece no, Signore,
morirò di sete
nel pantano delle mie forze
perché con quest'acqua
io monderò un lebbroso.
Dopo succhierò le radici delle mie dita.
Muoio di sete, Signore,
ma con questa poca acqua
farò un altro battesimo
e l'uomo malato sarà mondato.
Quanti sentimenti, Signore,
convergono intorno alle tue ali
di diamante e aspro.
La confusione del mio spirito
ha mille occhi.

Yo podría llevarme esta agua, Señor,
que vale una lágrima
y saciar mi sed.
En cambio no, Señor,
moriré de sed
en el pantano de mis fuerzas
porque con esta agua
sanaré a un leproso.
Después chuparé las raíces de mis dedos.
Muero de sed, Señor,
pero con esta agua escasa
haré otro bautismo
y el hombre enfermo sanará.
Cuántos sentimientos, Señor,
convergen en torno a tus alas
de diamante y amargura.
La confusión de mi espíritu
tiene mil ojos.

Dio, come sono diventato cieco
dopo tanti sguardi d'amore:
non vedo più nulla,
oppure vedo troppo,
oppure sono così accecato dal sole
che non posso non stendere un tappeto
per questa valanga rutilante di fede.

Dios, qué ciego me he quedado
después de tantas miradas de amor:
ya no veo nada,
o veo demasiado
o estoy tan cegado por el sol
que no puedo sino tender una alfombra
para esta avalancha rutilante de fe.

Invaso dal tuo Spirito, Signore,
anche se non ho abito
sento il calore del sole.
Come il sole scalda
questa misera terra del tuo servo,
questa terra d'argilla
fonte di peccati e di fughe!

Invadido por tu espíritu, Señor,
aunque no lleve hábito
siento el calor del sol.
¡Cómo enardece el sol
esta mísera tierra de tu siervo,
esta tierra de arcilla
fuente de pecados y huidas!

Perché nessuno scappa da te, Signore?
Perché tu sei la nostra casa,
il nostro vero corpo.
Io entro in te
e ho filiazioni meravigliose.
Il tuo grembo è possente:
ha posseduto il tuo servo.
Perché amo gli animali?
Perché io sono uno di loro.
Perché io sono la cifra indecifrabile dell'erba,
il panico del cervo che scappa,
sono il tuo oceano grande
e sono il più piccolo degli insetti.
E conosco tutte le tue creature:
sono perfette
in questo amore che corre sulla terra
per arrivare a te.

¿Por qué nadie huye de ti, Señor?
Porque tú eres nuestra casa,
nuestro verdadero cuerpo.
Yo entro en ti
y tengo emanaciones maravillosas.
Tu vientre es vigoroso:
ha hospedado a tu siervo.
¿Por qué amo a los animales?
Porque soy uno de ellos.
Porque soy la cifra indescifrable de la hierba,
el pánico del ciervo que huye,
soy tu océano inmenso
y soy el más pequeño de los insectos.
Y conozco a todas tus criaturas:
son perfectas
en este amor que fluye por la tierra
para llegar a ti.

La perfezione è dentro la formica
e l'uccello che vibra,
ma non è dentro l'uomo che dubita.
Ecco qual è il male dell'uomo:
il dubbio.
Ma io ho la certezza che mi ami:
me ne hai dato prova
insegnandomi a morire a me stesso.
Sono diventato un unguento
per le tue ferite,
morbido, dolce, profumato,
per i tuoi piedi gonfi.
Ma un giorno,
un giorno, Signore, tu mi hai dato di più:
mi hai dato il dolore dei tuoi chiodi,
hai sconfitto e trafitto le mie carni,
mi hai fatto morire con te sulla croce.

La perfección está dentro de la hormiga
y del pájaro que tiembla,
pero no dentro del hombre que duda.
He aquí el mal del hombre:
la duda.
Pero yo tengo la certeza de que me amas:
me lo has demostrado
enseñándome a morir.
Me he convertido en ungüento
para tus heridas,
suave, dulce, fragante,
para tus pies hinchados.
Pero un día,
un día, Señor, tú me diste algo más:
me diste el dolor de tus clavos,
venciste y perforaste mi carne,
me hiciste morir contigo en la cruz.

Ho sentito i lamenti delle tue mani,
l'orrore e lo spavento della tua morte.
Come sono io più fortunato,
che ho ricevuto il vangelo
direttamente da te
e l'ordine di cantare
le tue ferite.
Io canterò il peana del tuo dolore.
Più fortunato di te, Signore,
io giacerò attendendo che tu mi giudichi.
Ma prima di questo
ho sentito tutti gli animali del mondo,
tutti i sospiri di odio e di amore.
Sono stato pieno di cavalli in corsa
che correvano tutti
verso il traguardo del Regno.

He oído los lamentos de tus manos,
el horror y el espanto de tu muerte.
Cuán afortunado me siento
de haber recibido el evangelio
directamente de ti
y la orden de cantar
tus heridas.
Cantaré el peán de tu dolor.
Más afortunado que tú, Señor,
yaceré a la espera de tu juicio.
Pero antes
he oído a todos los animales del mundo,
todos los suspiros de odio y amor.
Me sentí lleno de caballos desbocados
que corrían
hacia la meta del Reino.

Índice

Prólogo 7
GIANFRANCO RAVASI

12 FRANCESCO. CANTO DI UNA CREATURA
13 FRANCISCO. CANTO DE UNA CRIATURA
[Chi ha detto, amico e fratello...] 16
[Amigo y hermano, ¿quién ha dicho...] 17
[Io non potrei dire a nessuno...] 18
[No podría explicarle a nadie...] 19
[Così, come Paolo di Tarso...] 20
[Al igual que Saulo de Tarso...] 21
[Io, Francesco...] 22
[Yo, Francisco...] 23
[Consolare me...] 24
[Al consolarme...] 25
[Ma Dio mi ha messo in mano...] 26
[Pero Dios puso en mis manos...] 27
[Ma è giusto, Signore...] 28
[¿Pero es justo, Señor...] 29
[Il denaro è una scusa...] 30
[El dinero es una excusa...] 31
[E così vorrei diventare anch'io...] 32
[Y también yo querría transformarme...] 33
[Chi ha detto a ser Bernardone...] 34
[¿Quién le ha dicho a don Bernardone...] 35

[*L'umile parola che scende dalla croce...*]   36
[La humilde palabra que desciende de la cruz...]   37
[*Mio padre, che ho tanto amato...*]   38
[Mi padre, a quien tanto amé...]   39
[*Come l'ho deluso...*]   40
[Cómo lo decepcioné...]   41
[*Anche noi...*]   42
[También nosotros...]   43
[*Tu che dilaghi nel mio cuore...*]   44
[Tú que inundas mi corazón...]   45
[*Quanto ero infelice, Signore...*]   46
[Qué infeliz era yo, Señor...]   47
[*A me hai dato la felicità del silenzio...*]   48
[Me diste la felicidad del silencio...]   49
[*Felice Colui...*]   50
[Feliz Aquel...]   51
[*Felice e benedetto...*]   52
[Dichoso y bendito...]   53
[*Io sono ormai il liuto di Dio...*]   54
[Ahora soy el laúd de Dios...]   55
[*Felice Colui che mi ha aperto...*]   56
[Dichoso Aquel que me abrió...]   57
[*Quanto alle molte vie da seguire...*]   58
[En cuanto a los muchos caminos a seguir...]   59
[*Ora sono un guerriero...*]   60
[Ahora soy un guerrero...]   61
[*O morte...*]   62
[Oh muerte...]   63
[*Sorella morte...*]   64
[Hermana muerte...]   65
[*Non toccate la mia sabbia dorata...*]   66
[No toquéis mi arena dorada...]   67

[Sorella morte...] 68
[Hermana muerte...] 69
[Ci sono uomini...] 70
[Hay hombres...] 71
[Così mi sono sbarazzato...] 72
[Así me desembaracé...] 73
[Chiamavo «Dio»...] 74
[Llamaba a «Dios»...] 75
[O voi, amici...] 76
[Oh vosotros, amigos...] 77
[Quando sentirete cantare un'allodola...] 78
[Cuando escuchéis cantar a una alondra...] 79
[Anch'io ho avuto...] 80
[También yo tuve...] 81
[O frate sole...] 82
[Oh hermano sol...] 83
[Ma ecco che il sole ci rende guerrieri...] 84
[Pero sucede que el sol nos convierte en guerreros...] 85
[O Dio...] 86
[Oh Dios...] 87
[Io sono il primo artigiano di Dio...] 88
[Soy el primer artesano de Dios...] 89
[Ed ecco che vengono...] 90
[Y he aquí que vienen...] 91
[O stella che accompagni i pastori...] 92
[Oh estrella que acompañas a los pastores...] 93
[Tutte le meraviglie, Dio...] 94
[Todas las maravillas, Dios...] 95
[Io mi sento abbandonato...] 96
[Me siento abandonado...] 97
[Quasi simile alla voce di Dio...] 98
[Muy parecido a la voz de Dios...] 99

[Dio, come mi ha premiato il Signore...]   100
[Dios, cómo me ha premiado el Señor...]   101
[O demonio infernale...]   102
[Oh demonio infernal...]   103
[Signore, se io ti disconoscessi...]   104
[Señor, si yo te desconociera...]   105
[O Dio...]   106
[Oh Dios...]   107
[Mentre io mi dibatto, Signore...]   108
[Mientras me debato, Señor...]   109
[Dio, come mi batte il petto...]   110
[Dios, cómo late mi pecho...]   111
[Il momento più bello della mia vita...]   112
[El momento más bello de mi vida...]   113
[Io ho udito, Signore, la tua voce...]   114
[He oído, Señor, tu voz...]   115
[A coloro che mi considerano...]   116
[A los que me consideran...]   117
[Nessun volto...]   118
[Ningún rostro...]   119
[Oh, io ascolto le parole di Dio...]   120
[Oh, escucho las palabras de Dios...]   121
[Io forse ho un blasone...]   122
[Quizá poseo un blasón...]   123
[Io sono diventato...]   124
[Me he convertido...]   125
[Il dilemma infelice...]   126
[El dilema infeliz...]   127
[Ciò che l'uomo trova inutile...]   128
[Lo que el hombre considera inútil...]   129
[L'acqua...]   130
[El agua...]   131

[Oh, l'amore fuga ogni elemento di dubbio...] 132
[Oh, el amor disipa todo elemento de duda...] 133
[Sono pieno di nemici, Signore...] 134
[Estoy rodeado de enemigos, Señor...] 135
[Io, Francesco di Dio...] 136
[Yo, Francisco de Dios...] 137
[Il fiore...] 138
[La flor...] 139
[Ora io ti guardo...] 140
[Ahora te miro...] 141
[Non pensavo, Signore, di diventare un fiore...] 142
[No pensaba, Señor, convertirme en flor...] 143
[O Dio...] 144
[Oh Dios...] 145
[Così come comincia il giorno...] 146
[Así como inicia el día...] 147
[O donna angelicata e sublime...] 148
[Oh mujer angelical y sublime...] 149
[Un tempo, Chiara, io ero un seduttore...] 150
[Hace tiempo, Clara, yo era un seductor...] 151
[Morirò davanti alle tue sbarre, Chiara...] 152
[Moriré frente a tus barrotes, Clara...] 153
[Il mio racconto di fede...] 154
[Mi relato de fe...] 155
[Sono l'uomo più ricco della terra...] 156
[Soy el hombre más rico de la tierra...] 157
[Poca acqua da bere...] 158
[Poca agua para beber...] 159
[Alzo le mie mani...] 160
[Elevo mis manos...] 161
[Ho il volto solcato dalle lacrime...] 162
[Tengo el rostro surcado por las lágrimas...] 163

[Come amo quella tua bilancia...] 164
[Cómo amo esa balanza tuya...] 165
[O Signore, adagio adagio morirò...] 166
[Oh Señor, lento, muy lento moriré...] 167
[Ti offro, Signore...] 168
[Te ofrezco, Señor...] 169
[Non so perché, Signore...] 170
[No sé por qué, Señor...] 171
[Adempiuto il mio spazio alla vita...] 172
[Tras consumar mi espacio en la vida...] 173
[O bimbo solitario e infelice...] 174
[Oh niño solitario e infeliz...] 175
[Io potrei prendere quest'acqua, Signore...] 176
[Yo podría llevarme esta agua, Señor...] 177
[Dio, come sono diventato cieco...] 178
[Dios, que ciego me he quedado...] 179
[Invaso dal tuo Spirito, Signore...] 180
[Invadido por tu espíritu, Señor...] 181
[Perché nessuno scappa da te, Signore?...] 182
[¿Por qué nadie huye de ti, Señor?...] 183
[La perfezione è dentro la formica...] 184
[La perfección está dentro de la hormiga...] 185
[Ho sentito i lamenti delle tue mani...] 186
[He oído los lamentos de tus manos...] 187

ALDA MERINI
Cuerpo de amor

Traducción de
Jeannette L. Clariond
Edición bilingüe
Colección: Poesía | 2
Páginas: 102
Tamaño: 14 x 21 cm
ISBN: 978-84-936423-1-0
Precio en España: 10 €
Precio en México: $187 MXN.
Precio en Estados Unidos: $14 USD.

La mística de Alda Merini es profundamente carnal. Ello no la vuelve más provocadora, sino más honda, reveladora y necesaria. Por encima de lo religioso, *Cuerpo de amor* es un libro que no admite miradas reductoras. El acercamiento de Alda Merini a Cristo admite lecturas tan distintas que rozan lo contradictorio para acabar demostrando que a veces los puntos de vista más alejados son los más cercanos.

Alda Merini
Magnificat

Traducción de
Jeannette L. Clariond
Edición bilingüe
Colección: Poesía | 5
Páginas: 128
Tamaño: 14 x 21 cm
ISBN: 978-84-936423-4-1
Precio en España: 10 €
Precio en México: $187 MXN.
Precio en Estados Unidos: $14 USD.

¿Puede la virgen María ser una mujer con contradicciones? ¿Hay vida detrás del mito, una mujer debajo del símbolo? Alda Merini nos dice que sí, y una mujer más desgarrada que ninguna. *Magnificat* es la segunda entrega de una trilogía que inicia con *Cuerpo de amor* (Vaso Roto, 2009) y se cierra con *La carne de los ángeles* (Vaso Roto, 2009). En ellas, Alda Merini despliega su particular erotismo místico, su agónico misticismo carnal.

Alda Merini
La carne de los ángeles

Traducción de
Jeannette L. Clariond
Edición bilingüe
Colección: Poesía | 7
Páginas: 132
Tamaño: 14 x 21 cm
ISBN: 978-84-935842-6-9
Precio en España: 10 €
Precio en México: $187 MXN.
Precio en Estados Unidos: $14 USD.

En la poesía de Alda Merini, lo sacro y lo profano no son dos formas opuestas de vivir, sino dos caudales revueltos en un torrente que se eleva. En este libro fundamental de su bibliografía emerge la figura del ángel como símbolo perfecto de esa aparente contradicción que es en realidad simbiosis, una simbiosis no exenta de dolor ni desgarro, que no es otra cosa que la búsqueda de una calma que sea dada tras las imposibles respuestas.

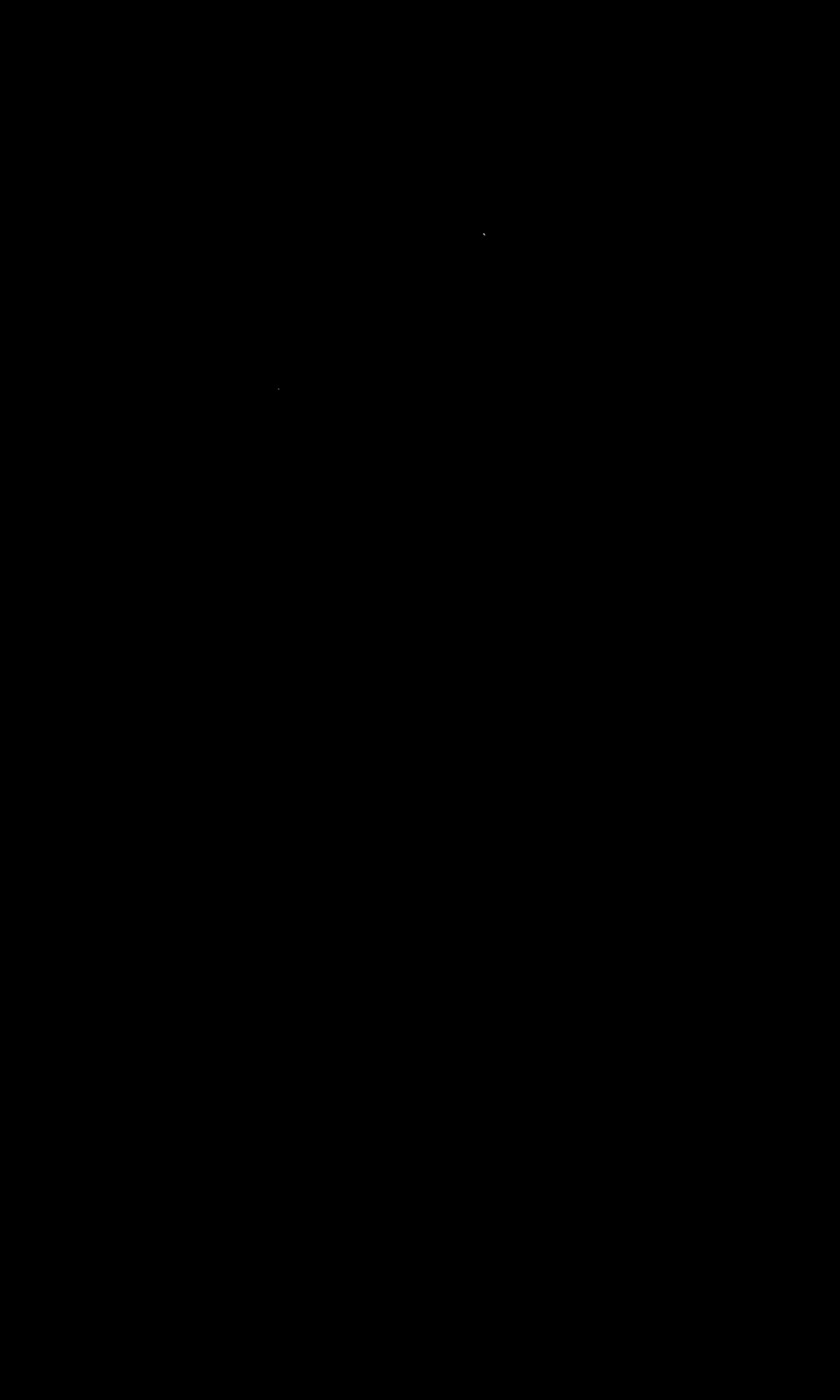

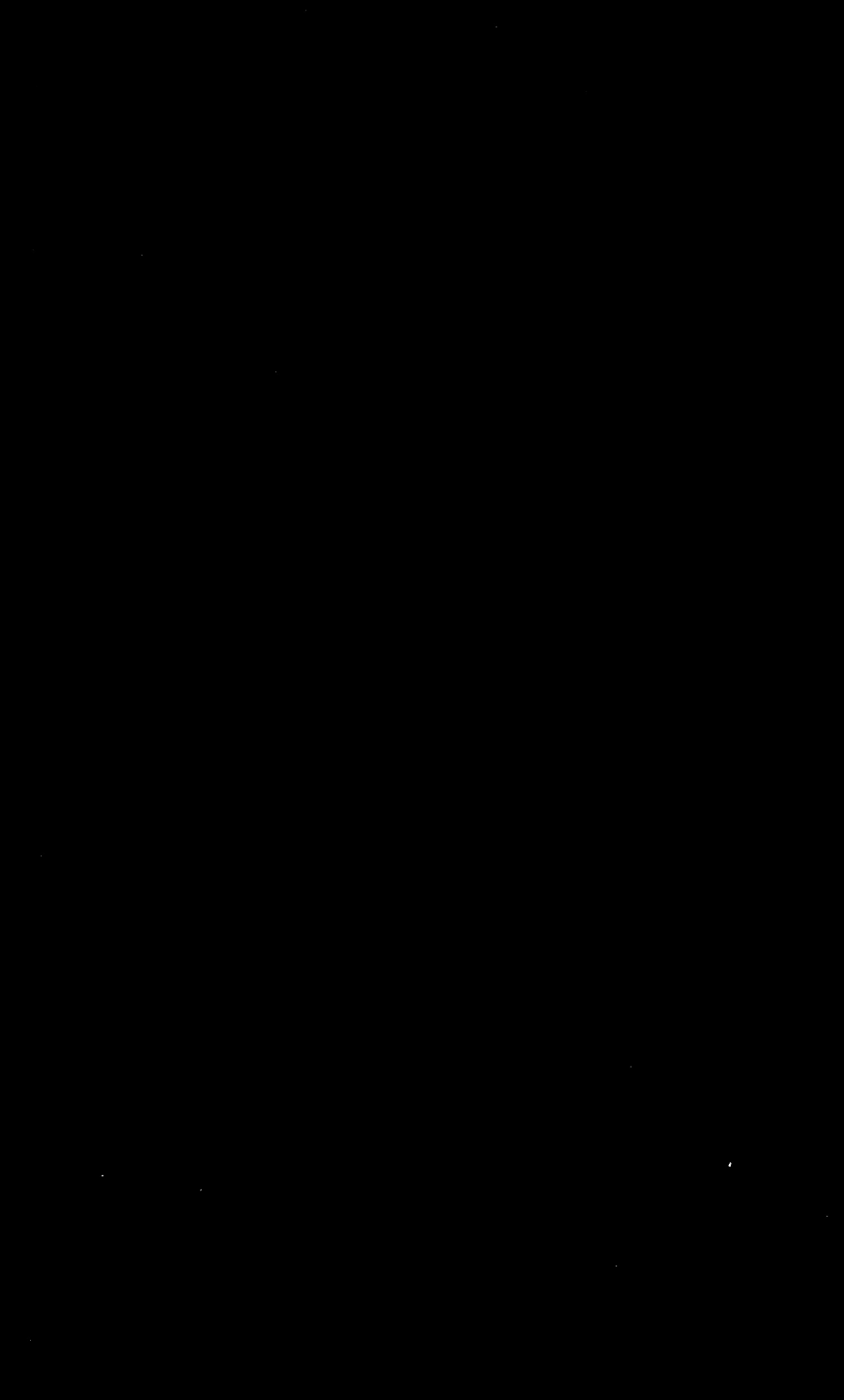